AF454611

LES PEINES
ET
LES PLAISIRS
DE L'AMOUR,

PASTORALE

REPRESENTÉE

PAR L'ACADEMIE ROYALE

DE MUSIQUE

l'An 1672.

Les Paroles sont de M. Gilbert,

&

La Musique de M. Cambert.

II. OPERA.

PERSONNAGES
DU PROLOGUE,

VENUS.
LA RENOMME'E.
DEUX PETITS AMOURS.
LES NATIONS.

ACTEURS
DE LA PASTORALE.

APOLLON, Amant de Climene.
CLIMENE, Nymphe de Diane.
PAN, Amant d'Asterie.
ASTERIE, Nymphe, Rivale de Climene.
PHILIS, Bergere, Confidente d'Asterie,
L'AMOUR.
IRIS.   MERCURE.
III. GRACES, & III. MUSES,
L'AURORE.
SONGES & SPECTRES.
FAUNE & LES SATYRES.
VI. SACRIFICATEURS.
VI. PRETRESSES.
Chœurs de BERGERS & de BERGERES.
LES RIS. LES JEUX,
LA JEUNESSE.

La Scene est en Arcadie, auprès du Mont-Cyllene.

PROLOGUE.

VENUS paroît avec la RENOMME'E
& II. PETITS AMOURS dans un Char
tiré par des Colombes.

VENUS.

Un nouvel Apollon dans la France m'amene,
  Le Soleil des François,
Qui dans le Champ de Mars soûmet tout à
ses Loix,
Et dans un Char pompeux en Vainqueur se promene.

LA RENOMME'E.

Il n'a que des nobles desirs,
  Et la gloire fait ses plaisirs.

VENUS.

Des Dieux, & des Heros illustre Messagere,
  Va d'un aîle legere
  Dire en publiant ses Exploits,
  LOUIS est le plus grand des Rois.

A ij

PROLOGUE.

LA RENOMME'E.

J'ay fait voler son Nom des rives de la Seine
Jusques où le Soleil recommence son tour,
Et l'Inde quelque jour
Sera dans son Domaine.

VENUS.

Puisque ce grand Monarque un jour
De tout cet Univers ne fera qu'une Cour,
Allez, petits Amours, sur la Terre & sur l'Onde
Dire qu'il a conquis les cœurs de tout le Monde.

VENUS à la RENOMME'E.

Et Toy, ne te lasses jamais
De vanter par tout ses hauts-Faits.

LA RENOME'E.

Déja les habitans & du Nil & du Tage.
Et les plus éloignez de l'Empire François;
Les Sauvages sans Loix
Viennent luy rendre hommage.

LES NATIONS paroissent sur la Terre.

Charmez de sa valeur nous venons dans ces lieux
Pour divertir en paix ce Roy victorieux.

Une Troupe d'Espagnols, d'Indiens, de Maures
& d'Egyptiens marquent leur bonheur par un
divertissement general.

FIN DU PROLOGUE.

LES PEINES
ET
LES PLAISIRS
DE L'AMOUR,
PASTORALE.

ACTE PREMIER.

Le Théatre represente un Parterre orné de fleurs,
& arrosé de fontaines.

SCENE PREMIERE.
ASTERIE, PHILIS.
PHILIS.

Quoy pense Asterie, au bord de la fontaine
Qui grossit de ses pleurs?
ASTERIE.
Je pense à mes malheurs;
J'ay fait mourir Climene.

Ma jalouse fureur, & mon aveugle amour
Luy raviſſent le jour;
Je croyois que la mort de ma Rivale heureuſe
Finiroit ma peine amoureuſe.

PHILIS.

Apollon ne veut plus vous voir.

ASTERIE.

C'eſt-là mon deſeſpoir!
Si du plus beau des Dieux mon ame eſt enflamée,
J'ay la honte d'aimer, ſans pouvoir être aimée;
Je ſouffre les mépris d'un rigoureux Amant,
Eſt-il quelque ſupplice égale à mon tourment?
O rage, ô deſeſpoir, ô fureurs inſenſées
Qui peignez mille morts dans mes triſtes penſées,
O Filles de la Nuit, venez me ſecourir;
Mais, je voudrois revoir Apollon, & mourir.

PHILIS.

Cet Amant redoutable,
Qui ne vous aime plus, n'eſt plus pour vous aimable:
Aimez Pan le Dieu des Bergers
Qui tient ſa Cour dans les Vergers;
Il regne en paix dans l'Arcadie,
Et vous cherit plus que ſa vie.

ASTERIE.

Helas! helas!
On aime ce qui plaît, & l'on ne choiſit pas,

Dans l'état où je suis, enfin que dois-je faire?

PHILIS.

Eviter d'Apollon la haine & la colere;
Il vient, & j'entends ses regrets.
Retirez-vous sous ce feüillage épais.

SCENE SECONDE.

APOLLON, PAN, LES SATYRES.

APOLLON.

*A*H *Climene! Ah Climene!*
Ta Rivale inhumaine
M'a privé pour jamais
De tes divins attraits.

PAN.

Il faut se consoler.

APOLLON.

       Ah cruelle avanture!

PAN.

C'est une loy de la Nature,
Que tout ce qui naît doit mourir.

APOLLON.

Climene en son printemps devoit-elle perir?

PAN.

C'est le destin des belles choses;
L'on voit bien-tôt flétrir & les lys & les roses,

Les fleurs ne durent qu'un matin.

APOLLON.

Je deteste Asterie.

PAN.

Accuse le Destin
Qui t'a ravi Climene, & déclaré la guerre.

APOLLON.

Je suis au desespoir :
Quand je ne la vois plus je ne veux plus rien voir,
Je ne puis éclairer la Terre,
D'un nuage de pleurs tu vois mes yeux couverts.

PAN.

Tu dois éclairer l'Univers ;
C'est par toy que du jour l'éclat se renouvelle,
Tu peins le Ciel d'azur, & rends la Terre belle ;

APOLLON.

J'étois Roy des Saisons, j'étois Pere du jour,
Favorisé d'Amour,
Et cheri de Climene ;
Je ne me flattois pas d'une esperance vaine,
J'étois Roy, j'étois Dieu, l'on m'aimoit ardamment,
Et je ne suis plus rien qu'un malheureux Amant.

PAN.

Ne peux-tu pas encor dans un char de lumiere
Semer de rubis ta carriere ?

Faire

Faire naître les fleurs, & les nouveaux amours?

APOLLON.

Helas! sans ses beaux yeux, que servent les beaux
  jours.

PAN.

Il n'est qu'un Apollon, il est tant de Maîtresses;
        Aime les plus belles Déesses,
        Pren sur la Terre & dans les Cieux
        Ce qui plaît à tes yeux:
        Aime la jeune Flore,
        Ou la charmante Aurore;
        Ou pour divertir tes ennuis,
        Va chez Thetis passer les nuits.

APOLLON.

L'Aurore aime Cephale, & Flore aime Zephire,
Et Thetis pour Pelée, incessamment soûpire.
Je veux que la Beauté qui me donne la loy,
Comme je n'aime qu'elle, aussi n'aime que moy;
        Telle étoit ma Climene.

PAN.

        Mais ta constance est vaine,
        Car la Loy du trépas
        Ne se revoque pas.

APOLLON.

        Si la Loy du trepas
        Ne se revoque pas,
Je veux rendre à jamais par des pompes funebres
Mon amour pour Climene, & ses beautez celebres.

B

Mais pour croître mes pleurs
Iris vient d'une aiſle legere
Confirmer mes malheurs ;
Que viens-tu m'annoncer, funeſte Meſſagere.

SCENE TROISIÉME.

IRIS, APOLLON, PAN,
LES SATYRES.

IRIS paroît dans un Char.

SOleil, apaiſe un peu tes tranſports amoureux,
Climene eſt dans les champs heureux,
Je viens de l'y conduire ;
Par mes puiſſants efforts,
J'ay délié ſon ame de ſon corps,
Et fini les douleurs qu'on ſent quand on expire :
De mes divines mains j'ay fermé ſes beaux yeux,
Et m'en retourne aux Cieux.

PAN.

Au lieu d'augmenter tes ſoucis
Par de triſtes recits,
Enten nos Bergers, nos Satyres
Qui charmeront tes ſoins, aux doux ſon de leurs Lyres ;
Et dont la muſette & les chants
Rempliſſent à l'envy les valons & les champs.

Aux champs Bergers, aux Prez, aux Boccages.

SCENE QUATRIÉME.

APOLLON, PAN, LES SATYRES, ET LES BERGERS
Précédez par les Flutes & les Hautbois.

I. BERGER.

AUx champs Bergers, aux Prez, aux Boccages,

II. BERGERS.

L'Aube vermeille,
Qui nous reveille,
Au doux chant des oiseaux,
Peint les côteaux
Et les nuages;
Aux champs, Bergers, aux Prez, aux Boccages.

PAN.

Bergers, au son de vos Musettes,
Et vous Habitans de ces bois
Que l'Amour range sous ses Loix,
Chantez vos amourettes.

LES BERGERS.

Nous cajolons en vain nos Bergeres cruelles,
En paissant nos troupeaux à l'ombre des buissons;
Le bruit de nos soupirs n'est que du vent pour elles,
Nos regrets des chansons:
Et ces fiers beautez pour nous inexorables,
Sont, sans aimer, contentes d'être aimables.

LES SATIRES.
Parmy les bois touffus,
Au guet pour la Bergere
Sans aprehender ses refus,
Nous nous joüons sur la fougere.
Nous disons librement nos desirs amoureux,
Et sous le plus epais feüillage,
Pour devenir heureux
Nous traitons de même air & la fole & la sage.

LES BERGERS.
Nous fuyons,

LES SATYRES.
Nous suivons

LES BERGERS & LES SATYRES.
Les Nymphes legeres;

LES BERGERS.
Nous ne cherchons qu'à plaire à nos Bergeres.

LES SATYRES.
L'air retentit de nos soûpirs,

LES BERGERS.
Nous aimons pour la gloire,

LES SATYRES.
Et nous pour les plaisirs.

LES BERGERS.
Ainsi chacun, au gré de nôtre envie,
Nous passons nôtre vie,

LES BERGERS & LES SATYRES.
Ainsi chacun, au gré de ses desirs,
Goûte la gloire ou les plaisirs.

APOLLON.

Je pense toûjours à Climene.
Et ces airs amoureux, capables d'enchanter,
Qui devroient adoucir ma peine,
Ne font que l'irriter.

PAN.

Vôtre douleur cruelle
Doit avoir un cours limité,
Et ne doit pas être immortelle
Pour une mortelle Beauté.

APOLLON.

L'Amour a dans mon cœur si bien gravé ses charmes,
Que la mort ne sçauroit en effacer les traits;
Et je veux que mes yeux soyent deux sources de larmes
Qui ne se tarißent jamais.

SCENE CINQUIÉME.

FAUNE, I. SATYRE, PHILIS.

FAUNE.

*B*Elle Philis,
  Au tein de lys,
Avec ta voix charmante
Vien chanter avec nous quelque chanson plaisante.

PHILIS.

Sur qui cette chanson.

FAUNE.

Sur l'Amour & sur Apollon.

Chanson.

Apollon pour Climene
Ne fait que soûpirer,
Il deviendra fontaine
A force de pleurer :
L'Amour fait d'étranges choses
De sottes métamorphoses ;
Un jour dans Cypre, Venus
Changea les Maris en bêtes,
Mit des cornes sur leurs têtes,
D'où les Cornarts sont venus.

PHILIS.

Qu'Amour fait d'étranges choses,
De sottes métamorphoses !

UN SATYRE.

Il ôte à l'Univers son plus rare ornement,
Faisant des Nymphes les plus belles
Des arbres & des fleurs nouvelles,
Qui perdent leurs attraits avec le sentiment.

PHILIS.

Sans doute il vaudroit mieux, par des effets contraires,
Changer les arbres en Bergeres.

FAUNE & LE SATYRE.

S'ils avoient comme toy le visage & la voix,
Quel plaisir d'habiter les bois !

FIN DU PREMIER ACTE.

ACTE SECOND.

Le Théatre represente une allée de Cyprés, terminée
par une Plaine & par des Hameaux.

SCENE PREMIERE.

MERCURE, LES GRACES.

MERCURE.

*Races, filles du Ciel sans qui rien ne peut
plaire,*
Qui vous peut obliger de venir dans ces lieux?

I. GRACE.

Le plus charmant des Dieux
En faveur de celuy qui porte la lumiere,
Amour favorable aux Amans,
Et qui veut d'Apollon adoucir les tourmens,
Te commande, Mercure,
D'aller dans cet Empire où finit la Nature,

Dire à la Mort de la part de l'Amour,
Qu'elle rende Climene au grand Astre du jour.

MERCURE.

Elle est sourde à nos cris, elle est inexorable,
Et le Destin irrevocable.

LES GRACES.

Le Destin toutesfois
A revoqué ses Loix.
La charmante Euridice, & la fidele Alceste
Ont revû par deux fois la lumiere celeste;
Va donc dire à la Mort, de la part de l'Amour,
Qu'elle rende Climene au grand Astre du jour.

MERCURE.

Je m'en vais de ce pas sur le sombre rivage
Faire cet amoureux message.

I. GRACE.

Mais d'où viennent ces cris, cette pompe, ce deüil?

II. GRACE.

De Climene, ma Sœur, c'est le triste cercüeil.
Fuyons. les Graces, la Jeunesse
N'aiment pas la tristesse.

SCENE II.

SCENE SECONDE.

Le Tombeau de Climene paroît.

VI. SACRIFICATEURS, VI. PRETRESSES, APOLLON, & LES BERGERS
regardant la Pompe funebre.

I. PRETRESSE.

Climene ne vit plus,

Trois-fois.

Nymphes des bois & des montagnes
Pleurez ses fidelles Compagnes,
Pleurez Amour, pleurez Venus,
Climene ne vit plus.

APOLLON.

Si l'amour d'un mortel essayant l'impossible,
A sur son luth plaintif rendu la mort sensible,
Destin, écoûtez à son tour,
Le Soleil qui languit, pâlit & meurt d'amour.

I. PRETRESSE.

De Cyprés, & des fleurs nouvelles,
Et des plus belles,
Ornons ce vain Tombeau
Destiné pour l'objet du monde le plus beau.

APOLLON.

Vous qui regnez en paix sur les Royaume sombres,
Parmi le silence & les ombres,

C

Noires Divinitez qui voyez mon soucy,
Ou rendez-moy Climene, ou me prenez aussi.

I. PRETRESSE.

Elle est dans les champs-elisées,
Où les ombres desabusées,
Des faux biens qu'on goute icy-bas,
S'il leur étoit permis, n'y retourneroient pas.
Là le divin Nectar coûle parmy l'ombrage,
Et chacun recevant ce celeste breuvage
Que de ses propres mains luy sert la Volupté,
Dans des vases sacrez boit l'Immortalité.

APOLLON.

Le plaisir est plus grand d'aimer & d'être aimé:
J'adorois cette Nymphe, & mon ame charmée,
Dans ce triste tombeau trouve encore des apas;
Je vais voir le Dieu Pan, & reviens sur mes pas.

I. PRETRESSE, aux BERGERS.

Que nul Mortel profane
N'aproche du cercueil,
Sur peine d'irriter la Nymphe de Diane,
Et par les Dieux vangeurs voir punir son orgueil.

SCENE TROISIÈME

Les Bergers contre l'Ordonnance de la Prestresse
aprochent du Tombeau, d'où il sort des
Spectres qui les effrayent.

Ballet des Bergers effrayez, & des Spectres.

SCENE QUATRIÈME.

PAN, LES SATYRES, APOLLON.

PAN avec les Satyres chassent les Spectres
qui s'evanoüissent avec le tombeau.

PAN.

Fuyez, Demons, fuyez de ces boccages verts,
Du fleuve tenebreux abimez-vous dans l'onde,
En troublant le Soleil, l'ame de l'Univers,
Vous troublez tout le monde.

SCENE CINQUIÉME.

APOLLON, PAN, LES SATYRES.

APOLLON.

CEs funeſtes objets étoient chers à mes yeux.

PAN.

Ce n'eſt point aux Demons à conſoler les Dieux.
Si tu veux honorer ta divine Maitreſſe,
Renouvelle les jeux que celebre la Grece,
Et fais que les Bergers des vallons d'alentour
Chantent ta gloire & ton amour.

APOLLON.

Je veux dès aujourd'huy qu'on celebre la fête,
Que le chœur des Bergers à ſa pompe s'aprête :
Qui loüera mieux l'objet dont mon cœur eſt épris,
De ma main recevra le prix.

PAN, aux BERGERS.

A'lez donc de ce pas, par des courſes legeres,
Inviter les Bergers avec les Bergeres,
Qu'ils faſſent retentir, dans les prochains ha-
meaux,
Les flutes, les haut-bois, & les doux chalumeaux.

FIN DU SECOND ACTE.

ACTE TROISIÉME.

Le Théatre represente un Jardin d'Orangers,
de Fontaines, & une plaine.

SCENE PREMIERE.

MERCURE, CLIMENE.

MERCURE.

J'Ay tiré ta belle ombre
De la demeure sombre :
Par un grand miracle d'amour,
Une seconde fois, Climene, voy le jour,
L'amour te rend à la vie.

CLIMENE.

Où suis-je !

MERCURE.

En Arcadie,
Où regne Pan Dieu des Bergers.
Ne reconnoi-tu pas le Jardin d'Orangers,

Ce gazon vert, cette fontaine,
Et ce délicieux vallon
Où l'aimable Apollon
Te racontoit sa peine ?

CLIMENE.

Helas ! je suis encore dans l'assoupissement,
D'avoir perdu le sentiment.

MERCURE.

La mort est un facheux passage.

CLIMENE.

La mort n'est qu'un sommeil,
Et qu'une absence du Soleil,
Qui des sens nous ôte l'usage ;
On est sans passion,
Sans desir, sans ambition,
Sur le sombre rivage,
Et tout s'évanoüit dans ce triste sejour.

MERCURE.

Mais, le fleuve d'oubly n'efface point l'amour,
Dans ces beaux lieux où l'on t'adore,
Du divin Apollon te souvient-il encore ?
As-tu mis en oubli ce glorieux Amant ?

CLIMENE.

Si je revois le jour c'est pour luy seulement ;
Sans luy je voudrois que la vie
Me fut bientôt ravie :

Les Mortels aux malheurs doivent s'accoûtumer,
Nous naissons pour mourir.

MERCURE.

   Vous vivez pour aimer.
Ah! c'est un grand plaisir, quand deux ames blessées
  Ont les mêmes pensées.
Que deux cœurs sont pressez par les mêmes desirs,
  Et font un concert de soûpirs.

CLIMENE.

Je veux auparavant sçavoir s'il m'est fidele,
  S'il fait voir dans mon triste sort
  Un amour plus fort que la mort.

MERCURE.

Je sçais le vray moyen d'éprouver sa constance
Si tu suy mon conseil.

CLIMENE.

  Je connois ta prudence.

MERCURE.

Les Graces dans ces lieux viennent le visiter.

CLIMENE.

Il faut les eviter.

MERCURE.

Suy-moy, belle Climene,
Je finiray ta peine...

SCENE DEUXIÉME.

LES GRACES APOLLON.

I. GRACE.

ALlons voir Apollon; mais, ce Dieu vient icy,
Tâchons de charmer son soucy.

au Soleil.

Bel Astre, quand nous voyons
Tes rayons
Rajeunir la Terre & l'Onde,
Il nous semble que le jour,
Et l'Amour,
Comme enfans naissent au monde.

APOLLON.

Ne voyant plus dans ces lieux
Les beaux yeux
Qui causoient ma douce peine,
Il me semble que le jour,
Et l'Amour
Sont éteints avec Climene.

SCENE III.

SCENE TROISIÈME.

APOLLON, LES GRACES, L'AURORE.

APOLLON.

L'Aurore qui paroît, peint le Ciel de ses feux.

L'AURORE.

Vien commencer ton tour, Soleil trop paresseux,
Déja plus d'une fois mes chevaux hors d'halene,
Ont couru la céleste plaine,
Le jour meurt en naissant quand tu ne me suis pas.

APOLLON.

Retourne sur tes pas.

SCENE QUATRIÈME.

LES GRACES, APOLLON.

I. GRACE.

Les Muses sont dans cette plaine,
Nous avons veu leur char au pied du Mont-Cyllene
Qui descendoit des Cieux.

APOLLON.

Je les vois venir dans ces lieux.

D

SCENE CINQUIÉME.

LES MUSES, APOLLON, LES GRACES, FAUNE.

I. MUSE.

CEluy qui dans ses mains
Tient le sceptre puissant des Dieux, & des Humains,
Et lance le Tonnere,
T'ordonne d'éclairer la terre.

APOLLON.

Jupiter voudroit-il m'imposer icy bas
Des loix qu'il ne suit pas ?
Met-il pas en oubly l'Univers & soy-même,
Quand l'Amour veut qu'il aime ?

II MUSE.

Ah ! C'est ce Dieu mutin
De tous maux l'origine,
Qui trouble le destin
De la race divine,
Il faudroit le punir,
Il faudroit le bannir,
Par un arrest celeste,
Puisqu'à tout l'Univers sa puissance est funeste.

I. GRACE.

Si l'on suit vos desirs,
Adieu tous les plaisirs,

PASTORALE.

Les agreables fêtes
Où les jeunes beautez vont faire des conquêtes.

II. MUSE.

Il faudroit le jetter dans l'Onde
Ce petit Boute-feu,
Qui croit que c'est un jeu
L'embraser tout le monde,
Il faudroit le punir,
Il faudroit le bannir.

FAUNE aux MUSES.

Vous parlez contre vous, & vous n'y pensez pas,
Sans l'amour votre sexe envain a des appas ;
Aliez vous retirer dans quelque sle sauvage,
En sortant de ces lieux ;
Fuyez les hommes & les Dieux,
Ou changez de langage.

I. GRACE.

Le Dieu Faune aime à rire & raille plaisamment.

I. MUSE.

Ah ! quel Dieu ?

APOLLON.

Poursuivez cet entretien charmant.

II. GRACE.

La plus sage mélancolie
Ne vaut pas sa folie ;
Sans l'Amour, tout mourroit,
Sans luy tout periroit.

II. MUSE.

Quel conducteur de la nature !
Un aveugle, un enfant fait tout à l'aventure;
Il faudroit le punir,
Il faudroit le bannir.

I. GRACE.

Rien n'est si doux que son empire,
D'aise l'on y soûpire;
Sans l'Amour tout mourroit,
Sans luy tout periroit.

I. MUSE.

Vos loüanges sont vaines;

II. GRACE.

L'Amour par ses desirs,

II. MUSE.

Cause toutes les peines,

I. GRACE.

Cause tous les plaisirs,

I. MUSE.

La jalousie,
La frenaisie
Qui trouble la raison,
La prison,
Les feux, & les gênes
Sont des peines.

II. GRACE.

Les amoureux soupirs,
La vûe apres l'absence,
Et la douce espérance
Qui flattent les desirs,
Sont des plaisirs.

II. MUSE.

Sont des peines.

II. GRACE.

Sont des plaisirs.

I. MUSE.

Sont des peines,

I. GRACE.

Sont des peines.

APOLLON.

L'amour est un suplice aimable;
Un Ciel où l'on se plaint, un Enfer agréable;
Et celui qu'il méprise & qu'il laiße en repos,
N'a jamais connu ni les biens, ni les maux:
Mais, j'entens les Bergers de la forest prochaine
Qui viennent célébrer la fête de Climene;
Ces amoureux Bergers, dans leurs douces chanfons;
Des misteres d'amour vous feront des leçons.

II. MUSE.

Nous retournons au Ciel, & vous laißons les Graces.

FAUNE, aux BERGERS.

L'Amour vous suit par tout, & marche sur vos traces,

SCENE SIXIÉME.

APOLLON, LES GRACES, LES BERGERS,
LES BERGERES, PAN, FAUNE LES SATYRES,
& L'IMAGE DE CLIMENE aportée par les
BERGERS, & deux petits AMOURS.

APOLLON.

Graces à qui tout doit ceder,
Avec moy dans ces lieux vous devez préfider.

I. GRACE.

Qu'eft-ce que l'on conduit dans cette riche plaine ?

APOLLON.

L'Image de Climene.

PAN, aux BERGERS.

Pour charmer Apollon avec toute fa Cour,
Tracez d'un pas leger mille chiffres d'amour.

PAN, aprés le Ballet.

Qu'avec refpect chacun fe range.

APOLLON dit aux BERGERS & aux BERGERES
montrant l'Image de Climene.

Chantez un Hymne à fa loüange.

Hymne par Dialogue.

I. BERGER.

Ce climat amoureux n'a rien veu de pareil
A la belle Climene amante du Soleil.

PASTORALE. 31

I. BERGERE.

Telle ne fût jamais l'Amante de Thesée,
Ni la belle Andromede à la Mer exposée.

I. BERGER.

Ni celle que Jason
Conquit avec la Toison.

I. BERGERE.

Telle n'etoit aussi cette belle insensée,
Semelé qui trop haut éleva sa pensée.

I. BERGER.

Ny celle que pleura le beau-fils d'Apollon,
Aux bords de l'Acheron.

I. BERGERE.

Lucothoé sa Rivale
N'a rien fait voir qui l'égale,
Et la jeune Psiché que l'on vante en tous lieux
Céde à ses appas glorieux.

II. BERGER.

Ce qui rend Climene plus belle
Que pas une immortelle,
Son plus rare ornement,
Ce n'est pas ses attraits, ses beautez, ni ses graces
Dont l'Amour suit les traces,
C'est d'avoir un Dieu pour amant.

DEUX BERGERS.

Apollon est incomparable,
Et Climene adorable.

APOLLON.

Avant que de donner le prix que je prepare
En faveur d'un objet si rare,
Pour me mettre en repos,
Je veux que de Climene on emporte l'Image
En l'Isle de Delos.

DEUX PETITS AMOURS.

Nous allons l'emporter en l'Isle de Cythere
Où l'Amour nôtre frere,
Admirant ses appas,
L'a prise souvent pour sa mere,
Et ce Dieu ne se méprend pas.

APOLLON, parlant aux AMOURS.

Allez petits Amours. à une course soudaine,
Faire adorer Climene.

à la BERGERE.

C'est vous qui l'emportez.

SCENE SEPTIÉME.

MERCURE, CLIMENE déguisée en Bergere & voilée, APOLLON, LES GRACES, PAN, LES SATYRES, FAUNE, LES BERGERS, & LES BERGERES.

MERCURE.

Attend, tes jugemens sont trop précipitez,
Dieu de la lumiere,
Ecoute une Bergere,
Dont la voix a charmé les Echos d'alentour,
Qui sans se faire voir veut chanter à son tour.

APOLLON.

APOLLON.

Chantez, belle inconnuë, & nous faites entendre
Cette voix dont un cœur ne sçauroit se deffendre.
Ah! que je suis surpris!
Un secret sentiment transporte mes esprits.

CLIMENE.

Ah! qu'il est doux d'aimer un Amant si fidéle!
Si nous vivons il chérit nos appas,
Si nous mourons, son amour ne meurt pas,
D'un immortel la flamme est immortelle.
Ah! qu'il est doux d'aimer un Amant si fidéle!

APOLLON.

Ah! je me sens ravir
D'un excez de plaisir!

CLIMENE continuë.

Amour pour cet Amant surmonte les obstacles.
Auprès de sa Maîtresse il le sert à son tour,
Et la mort la rend à l'Amour,
Qui fait pour luy tous ces miracles.

APOLLON.

Bergere, vôtre voix par ses charmes puissans
Enchante l'esprit & les sens;
Recevez donc cette Couronne
Qu'Amour vous destinoit, & qu'Apollon vous donne:

Mais ne verray-je point cette bouche & ses yeux,
Dont ce voile envieux
Cache les beautez à ma vûe?

CLIMENE.

Bien-tôt, grand Dieu, vos vœux seront contens;
Souffrez que pour un temps
Je demeure inconnûe.

MERCURE, CLIMENE, LES BERGERS,
& LES BERGERES, rentrent, PAN,
& LES SATYRES demeurent avec APOLLON.

APOLLON.

Helas! qui que tu sois ou Bergere, ou Déesse,
J'espere en ta promesse.

PAN.

Suivez vos desirs amoureux,
Il ne tient qu'à vous d'être heureux,
Climene morte est moins charmante,
Aimez cette beauté vivante.

FAUNE, & LES SATYRES

Aimez-là,

Prenez-là,

Gardez-là,

Puisqu' Amour vous la donne,
Sans craindre que personne
Vous ose dire, hola.

FIN DU TOISIÉME ACTE.

ACTE QUATRIEME.

Le Théatre represente un Verger & des Fontaines.

SCENE PREMIERE.

ASTERIE seule.

Rbres, Ruißeaux, claires Fontaines,
Confidens secrets de mes peines,
Un rigoureux Amant me fait quitter ces lieux,
J'aime le plus cruel & le plus beau des Dieux ;
    Il est enchanté de Climene,
    Il court aprés son ombre vaine ;
Dans ses regards éteints la Mort a des appas
    Que dans mes yeux l'Amour n'a pas.
    Puisque mon mal est sans remede,
    Qu'Apollon ne me veut plus voir ;
    Avant coureur du desespoir,
    Silence affreux, vien à mon aide,

E ij

Condui-moy, conduimoy, dans ces noires Forests,
Où le Soleil n'enre jamais,
Contente ma fureur extrème;
Mais, peut-on se resoudre à quitter ce qu'on aime.
J'aperçois le Dieu Pan qui cherche à me parler,
Et veut me consoler.

SCENE SECONDE.

PAN, ASTERIE.

PAN.

Ah! d'où vieut l'aimable Asterie?

ASTERIE.

Le dépit, & la jalousie,
Et la peur d'Apollon
M'ont fait venir dans ce valon;
Par une fureur sans égale
J'ay fait descendre ma Rivale
En la nuit du Tombeau.

PAN.

Ce crime est grand, mais il n'est pas nouveau,
Et l'on a déja vu la jalouse Clitie,
Dans ces champs malheureux,
Pour ce crime amoureux,
En soucy convertie.

ASTERIE.

Je crains la même chose, & mon tein pâlissant
En est un indice puissant ;
Et l'ingrat Apollon qui cause ma foiblesse
Me fait languir d'amour, & mourir de tristesse.

PAN.

Ah ! ne vous laissez, pas changer par la douleur.
Une Nymphe vaut mieux que la plus belle fleur.

ASTERIE.

Mercure m'a promis d'apaiser sa colere.

PAN.

Tu ne luy sçaurois plaire,
Il n'a que du mépris pour toy :
Il te hait, il te fuit, je t'adore, aime moy.
Ces Prez & ces Boccages,
Ces doux Rivages,
Ces jardins d'orangers,
Et les Troupeaux, & les Bergers,
Sont de mes appanages,
Reçoi donc mes hommages ;
Laisse ton Apollon.

ASTERIE.

Il me remplit d'effroy.

PAN.

Il te hait, il te fuit, je t'adore, aime moy :

ASTERIE.

Apollon a des charmes
Dans sa divine voix, qui font couler mes larmes:
Les accords languissans
Que, pour troubler les sens,
Invente l'artifice,
Font sur le luth plaintif mon amoureux suplice.

PAN.

L'Art céde à la Nature, à ces douces chansons
Que l'Amour fait chanter à l'ombre des buissons,
Si tu voulois m'aimer rigoureuse Asterie,
Ma flamme, & ma galanterie
Feront un plus grand bruit que n'en fait Apollon
Avec tout le Parnasse, & le sacre Valon.

ASTERIE.

Pan me sera t'il plus fidele?

PAN.

Je rendray ta gloire immortelle,
Les Nymphes de ces bois
Qui vivent sous mes loix,
Et les Bergers, & les Satyres
Au son des fluttes, & des lyres,
Charmez de voir des feux si beaux
Chanteront nos amours sur le bord des ruisseaux.

ASTERIE.

Espere.

SCENE TROISIÈME.

ASTERIE, FAUNE.

FAUNE.

A Dorable Asterie,
Aime-moy, je te prie,
Quitte Apollon qui te méprise.
Pan n'est qu'un fanfaron
Avec sa barbe grise.
Il n'a pas comme moy des rares qualitez
Pour plaire a des jeunes beautez.

ASTERIE.

Pour un Amant l'agreable figure!

FAUNE.

J'ai d'excellens dons, je te jure,
J'aime la flutte douce, & j'en joüe assez bien.
Avec ma grosse panse
Je suis sans consequence,
Et tu pourras m'aimer sans qu'on soupçonne rien.

ASTERIE.

Choisi quelque beauté dans les champs d'Arcadie.
Comme toy barbuë, & jolie,
Ou si tu m'aimes bien
Dans ma flamme discrette,
Je seray si secrette,
Que toy ny moy n'en sçauront jamais rien.

ASTERIE s'en va.

FAUNE.

Peste soit de la cruelle
Qui ne me croit pas beau,
Tampis pour elle ;
Je ne suis pas d'humeur a pleurer auprès d'un Tom-
beau.

Il voit venir APOLLON, & s'en va.

SCENE QUATRIÉME.

APOLLON seul.

LA blessure n'est pas legere
Que m'a fait la Bergere ;
Climene me causoit cette même langueur,
Elle a son air, son port, elle a sa voix charmante,
La morte & la vivante
Ont partagé mon cœur.
Mais le sommeil à ma priere,
Versant ses doux pavots,
Me ferme la paupiere
Pour me mettre en repos.

SCENE V.

SCENE CINQUIÉME.

MERCURE, CLIMENE, APOLLON,

MERCURE.

Vien, heureuse Climene,
Voir ton fidele Amant,
Qui dort paisiblement
Au bord de la fontaine.

CLIMENE.

Ah! que j'ay de plaisir!

MERCURE.

Contente ton desir,
Mais il faut qu'il te voye.

CLIMENE.

Laisse-le sommeiller.

MERCURE.

Je puis sans l'éveiller
Luy donner cette joye.

CLIMENE.

Di, comment pourras-tu
Avoir cette vertu?

MERCURE.

Pour une amoureuse aventure
Laisse faire à Mercure.

Songes, Dieux menſongers,
Fantomes ſubtils & legers,
D'une courſe ſoudaine
Dans les bras du ſommeil,
Faites voir au Soleil
L'Image de Climene.

SCENE SIXIÉME.

LES SONGES, MERCURE, CLIMENE, APOLLON.

LES SONGES, à APOLLON.

*C*Ependant que tu dors,
Du noir séjour des Morts
Nous t'amenons Climene.

APOLLON endormi.

Ah! Climene.

LES SONGES.

C'eſt-elle, embraſſe-là,
La voila, la voilà, la voilà.

APOLLON.

Ah! Climene.

LES SONGES.

C'eſt-elle, embraſſe-là,
La voilà, la voilà, la voilà.

CLIMENE.

Ah! que j'ay de plaisir.

MERCURE.

Contente ton desir,
Admire la beauté du Dieu de la lumiere
Qui tient le jour caché sous sa paupiere.

CLIMENE.

Ah! rien n'est si charmant
Que mon divin Amant.
Loin, vulgaire prophane,
Laiße-moy seule icy contempler mon Soleil.
Jamais Endimion dans les bras du sommeil,
Ne plût tant à Diane,
Et jamais la jeune Psiché,
Pour l'Amour endormi n'eut le cœur si touché.

MERCURE.

Voi de ces petits Dieux l'adreße nompareille.

CLIMENE.

Apollon seulement a pour moy des appas,
Je ne pense qu'à luy.

APOLLON.

Helas!

CLIMENE.

Il se réveille.

MERCURE & CLIMENE rentrent,
& LES SONGES s'envolent.

SCENE SEPTIÉME.

APOLLON seul, dit en se réveillant.

AH! Climene, arrest-z. Je ne sçais si je veil'e.
    Qu'ay je veu, qu'ay-je fait,
Suis-je heureux en idée, ou le suis-je en effet?
Ah! qu'Amour flattoit bien mon amoureuse peine!

SCENE HUITIÉME.

PAN, APOLLON.

PAN.

Mais qui trouble Apollon?

APOLLON.

L'Image de Climene:
Je voudrois toûjours sommeiller,
Quand on songe si bien, faut-il se réveiller?
Je sens, les yeux ouverts, le soucy qui me ronge,
Helas! faut-il qu'un Dieu ne soit heureux qu'en songe.

PAN.

Au lieu de te troubler
Tâche à te consoler,
Fui cette ombre legere,
Et cherche les plaisirs auprès de ta Bergere.

APOLLON.

Pour flater mon espoir,
La pourray-je revoir?

SCENE NEUVIÉME.

PAN, APOLLON, LES BERGERS, LES BERGERES, & LES SATYRES.

PAN, aux BERGERS.

J'Aperçois les Bergers dont la troupe est galante,
Pour divertir ce Dieu, par vôtre voix charmante.
Chantez-luy ces airs nouveaux
En vôtre amoureux langage,
Qu'à la fête du Village
Vous chantez sous les Ormeaux.

LES BERGERS & LES BERGERES
dansent aux chansons au tour d'un Ormeau.

TIRCIS.

Chanson.

On passe bien mal la vie
Si l'on n'aime en son Printemps;
Car, sans l'amour, on s'ennuye
Les jours durent trop long-temps.

PHILIS.

Tous les Bergers sont volages
Et les Amans d'aujourd'hui
Veulent qu'on paye leurs gages
Avant que d'avoir servi.

TIRCIS.

Les Bergeres sont cruelles
Leurs faveurs tardent si long-temps,
Que des cœurs les plus fideles
Elles font des inconstans.

PHILIS.

Demander la recompense
Sans les soins pour l'obtenir,
C'est vouloir que l'on commence
Par où l'amour doit finir.

APOLLON.

Ces Bergers sont galans.

PAN, à APOLLON montrant FAUNE.

Il faut que ce Satyre
Dont l'action fait rire,
Qui sçait railler, chante à son tour
Quelque Chanson d'amour.

FAUNE.

Chanson.

L'autre jour une Bergere
Que je ne nommeray pas,
En dansant sur la fougere
Fit par malheur un faux pas.

Un Berger assez alerte
Que l'on croit son Favori,
Luy donnant la cotte verte
Luy fit faire un petit cri.

Elle rougit de colere
D'un procedé si nouveau,
Mais cet heureux temeraire
N'avoit rien vû que de beau.

Autre.

La Pucelle Galathée
Epousant la jeune Hylas,
Presque toute la nuitée
L'avoit repoussé du bras ;
Mais, cette pauvre innocente
Dit étant poussé à bout,
Ah ! que j'étois ignorante !
Il est bon de sçavoir tout.

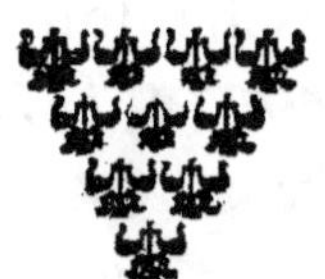

SCENE DIXIÉME.

MERCURE, CLIMENE déguisée en BERGER,
APOLLON, PAN, LES BERGERS,
LES BERGERES & LES SATYRES.

MERCURE, à APOLLON.

UN illustre Berge d'une étrange contrée
Dont la divine voix est par tout admirée,
Vient vous chanter un Air nouveau ;
Chantez, jeune étranger.

APOLLON.

Ah ! qu'il me paroît beau.

CLIMENE déguisée en BERGER.

Chanson.

On court en vain la Terre & l'Onde
Pour trouver le bonheur, & se faire estimer ;
Le plus beau secret du monde
Est celuy de se faire aimer.

L'on fait grand état de la gloire
Qui couronne le vainqueur,
Mais, la plus belle victoire
Est de triompher d'un cœur.

CLIMENE s'en va & LES BERGERS,
& LES BERGERES la suivent.
APOLLON

APOLLON, à MERCURE.
Cet étranger sçait l'art de plaire.

MERCURE.
C'est le frere de la Bergere.

APOLLON.
Il ressemble à Climene aussi.

MERCURE.
Sa sœur peut mieux que luy charmer vôtre soucy.

APOLLON.
Seroit-elle sensible à ma nouvelle peine?

MERCURE.
Tout autant que Climene.

APOLLON.
Mais si je cherissois cette jeune beauté,
On pourroit m'accuser d'une infidelité.

MERCURE.
Leur grande ressemblance
Excuseroient vôtre inconstance,
Et puis tout est permis aux Dieux.

APOLLON.
Fai-là donc promptement revenir en ces lieux.

G

SCENE ONZIÉME.

FAUNE seul.

CE Dieu toûjours d'humeur legere
Pour calmer les ennuis dont il est combattu,
Avec cette Bergere
Veut faire un impromptu.

FIN DU QUATRIE'ME ACTE.

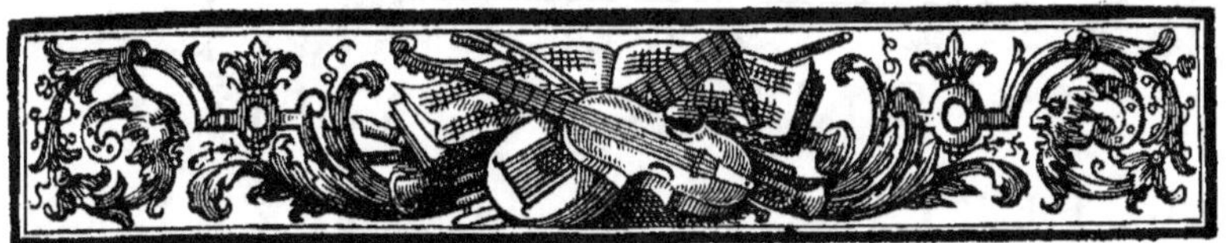

ACTE CINQUIÉME.

SCENE PREMIERE.

MERCURE, CLIMENE.

MERCURE.

Dorable Climene,
Venez, venez revoir vôtre divin Amant,
Pour finir, avec vôtre peine,
Son amoureux tourment.

CLIMENE.

J'aperçois la fiére Asterie
Qui vient le long de la prairie.
C'est ma Rivale, helas!
Qui causa mon trépas.

MERCURE.

C'est de moy qu'elle a sçû que vous êtes vivante.

CLIMENE.

Fuyons cette cruelle Amante.

MERCURE.

Ah! n'apprehendes plus sa haine & son courroux,
Sa colere est passée, & Mercure est pour vous.

SCENE SECONDE.

ASTERIE, CLIMENE, MERCURE,

ASTERIE.

SI je fus inhumaine,
Accusez en l'Amour.

CLIMENE.

J'en accuse la haine.
L'Amour ne m'eût jamais ouvert le monument,
C'est vôtre injuste envie.

ASTERIE.

Vous avez bien fait pis que de m'ôter la vie
M'ôtant le cœur de mon Amant.

Pour cacher son amour, faire l'indiférente,
Etre Rivale & Confidente!

CLIMENE.

Mettre sa Compagne au tombeau
Est un dessein plus beau.

ASTERIE.

La tromperie.

CLIMENE.

La jalousie.

ASTERIE.

La vanité.

CLIMENE.

La cruauté.

ASTERIE.

Le desir d'être préférée,

CLIMENE.

Le dépit d'être méprisée,
Ont rompu les liens d'une forte amitié,
Et touché par ma mort les Rochers de pitié.

MERCURE.

Les plus grandes Amies
Quelque sacré lien qui les puisse engager,
Deviennent ennemies,
Ayant un cœur à partager.

CLIMENE.

Mais, c'est porter trop loin une jalouse envie
D'attenter à ma vie,
Et m'ouvrir un tombeau.

MERCURE.

Plus un outrage est grand, plus le pardon est beau,
Pour vous faire admirer, & vous rendre immortelle,
Soyez aussi douce que belle.

CLIMENE.

Si j'ay quelque pouvoir sur l'esprit d'Apollon,
Je feray mes efforts d'obtenir son pardon.

MERCURE, à ASTERIE.

Attendez Pan sous cet ombrage.

SCENE TROISIÈME.

MERCURE, APOLLON, CLIMENE,
L'AMOUR.

MERCURE, à CLIMENE.

A Pollon sort de ce Boccage.

APOLLON.

Je vous cherche en tous lieux,
Pourquoy vous cacher à mes yeux?

MERCURE.

Si les vôtres, belle Bergere,
Disputent de l'éclat avec la lumiere,
Montrez-vous sans voile au Soleil.

L'AMOUR descendant du Ciel ôte le voile
de CLIMENE, & s'envole.

APOLLON.

Ah! miracle d'Amour qui n'a point de pareil!
Ma Bergere est Climene!

MERCURE.

La mort te l'a ravie, & je te la ramene.

APOLLON.

D'un amoureux transport je sens mon cœur saisir,
Ah! je crois qu'un Mortel en mourroit de plaisir!

O Vous, ses fideles Compagnes,
Nymphes des bois & des montagnes,
Venez Troupe charmante
Voir Climene vivante.

CLIMENE.

Si tu n'aimes que moy,
Je ne vis que pour toy.

APOLLON.

Je brulois de te voir, rare Objet que j'adore:
Si Venus dans les cieux
Sçait charmer tous les dieux,
L'Amour t'a dans mon cœur peint plus aimable
encore.

CLIMENE.

Je brûlois de te voir, bel Astre que j'adore:
Si Mars victorieux
Charme Venus aux cieux,
L'Amour t'a dans mon cœur peint plus aimable
encore.

APOLLON.

Aimons-nous.

CLIMENE.

Aimons-nous ;

APOLLON.

Et de nôtre bonheur rendons le Ciel jaloux.

SCENE QUATRIÉME.

ASTERIE, PAN, FAUNE, LES SATYRES, LES BERGERS & LES BERGERES, APOLLON, CLIMENE, MERCURE.

APOLLON.

Uel est cet objet odieux,
Qui paroit à mes yeux?

MERCURE.

C'est la Nymphe Asterie.

APOLLON se tournant vers ASTERIE.

Mon Amante, & mon ennemie!
Ah! fui, pour éviter les traits de ma fureur!

ASTERIE.

Cruel, en me perçant le cœur,
Perce aussi ton Image.

PAN.

Aurois-tu ce courage?

MERCURE.

Grace, grace.

APOLLON.

Non, non.

PAN.

Pardon, pardon.

APOLLON.

Non, non.

ASTERIE.

Insensible Apollon!

MERCURE

MERCURE.

L'Amour a fait son crime, & luy fournit l'excuse.

APOLLON.

Quand on croit me fléchir, on se flatte, on s'abuse ;
Elle a mis au tombeau l'objet de mon amour.

MERCURE en montrant CLIMENE.

Elle revoit le jour.

CLIMENE en montrant ASTERIE.

Excuse, en ma faveur, cette aimable inhumaine.

APOLLON.

Hé bien je luy pardonne, en faveur de Climene,
Qu'elle s'éloigne donc.

ASTERIE.

Ah ! rigoureuse loy !

PAN.

Je l'aime, tu la haïs : helas ! donne-la moy.

APOLLON.

Si j'en puis disposer, hé bien, je te la donne.

PAN.

Puisqu'il regne en ton cœur, tu vois ce qu'il ordonne,
Cheri Pan, & ces lieux, où la simplicité
Regne avec l'Amour & la Fidelité.

APOLLON.

Qu'on prepare à Climene un Palais magnifique
Avec la Musique.

Le Théatre change, & le Palais paroît.

H

MERCURE, à APOLLON.

Tout arrive à souhait aux Dieux,
Le Palais est devant tes yeux.

PAN.

Pour finir ce beau jour, en l'honneur de Climene,
Que tous les habitans des monts, & de la plaine,
Des bois, & des vergers,
Satyres, Bergeres, Bergers,
Viennent se réjoüir de la revoir vivante,
Et dansent, devant elle, une danse galante.

SATYRES, BERGERS, & BERGERES
dansants avec des guirlandes de fleurs.

CLIMENE.

D'où vient ce bruit mélodieux!

APOLLON.

Venus paroît aux Cieux.

MERCURE.

Sans son fils & sans elle
Nulle fête n'est belle.

Le Ciel de VENUS paroît.

SCENE DERNIERE.

VENUS, LES AMOURS, LES GRACES, LES JEUX, LE RIS, LA JEUNESSE, APOLLON, CLIMENE, PAN, ASTERIE, MERCURE, LES SATYRES, LES BERGERS & LES BERGERES.

VENUS.

Vivez en paix, heureux Amans,
Conduits par un divin genie,
Goûtez, dans vos contentemens,
De deux cœurs bien unis l'agréable harmonie.
L'Amour propice à vos desirs
Change vos peines en plaisirs,

Un Trône descend du Ciel, où sont deux Petits Amours.

LES AMOURS, à APOLLON, & à CLIMENE.

Venez, heureux Amans, finir vôtre tristesse
Avec Venus, les Jeux, le Ris & la Jeunesse.

PAN à APOLLON & à CLIMENE.
montant dans le Ciel.

Allez, heureux Amans, finir vôtre tristesse.
Avec Venus, les Jeux, le Ris & la Jeunesse.

APOLLON & CLIMENE montent sur le Trône d'Amour, & sont élevez dans le Ciel.

VENUS, lorſqu'APOLLON & CLIMENE
ſont montez.

L'Amour propice à vos deſirs
Change vos peines en plaiſirs.

LE CHOEUR.

L'Amour propice à vos deſirs
Change vos peines en plaiſirs.

FIN DU CINQUIE'ME ET DERNIRE ACTE.